17の目標

産業と技術革新の基盤をつくろう

世界中にしっかりとしたインフラを作り、産業発展につなげよう。

人や国の不平等をなくそう

国どうし、国民の間の貧富の差や不平等をなくそう。

住み続けられるまちづくりを

すべての人が、安全でくらしやすい家や町に住めるようにしよう。

つくる責任 つかう責任

ものを作る人も使う人も、未来のことを考えて、しげんをむだにしないくふうをしよう。

気候変動に具体的な対策を

地球の気温が上がるのをふせぎ、その悪えいきょうをなくしていこう。

海の豊かさを守ろう

海の生態系を守り、海のしげんをたもとう。

陸の豊かさも守ろう

陸の動植物を守り、豊かな自然の力を取りもどそう。

平和と公正をすべての人に

すべての暴力をなくし、法律の下で争いごとをみんなで解決できる世の中にしよう。

パートナーシップで目標を達成しよう

世界中の人たち、まわりの人とで力を合わせ、目標を達成しよう。

大豆が地球をすくう！

フードテックとSDGs

3

大豆パワーで未来の食卓をまもる

監修

石川伸一

（宮城大学 食産業学群 教授）

フレーベル館

はじめに

フードテックとは、
「食品（Food）」と「ぎじゅつ（Technology）」を
組み合わせたことば。

食に関する最新のぎじゅつのことで、
最近ますます注目を集めています。

というのも、フードテックは
SDGs（持続可能な開発目標）＊でかかげられている、
かんきょうおせんや資源の再利用、飢餓や貧困の問題など、
地球がかかえるさまざまな課題を解決できる可能性があるからです。
＊目標1「貧困をなくそう」、2「飢餓をゼロに」、13「気候変動に具体的な対策を」、
15「陸の豊かさも守ろう」、16「平和と公正をすべての人に」など

このシリーズでは、フードテックを使ってさまざまな課題を解決し、
地球をすくおうとがんばっている人の仕事をしょうかいしています。

かれらのチャレンジに注目しながら、
「自分には何ができるだろう？」と考えてみてください。

きっとあなたにも、地球をすくう力があるはずです。

石川伸一
（宮城大学 食産業学群 教授）

もくじ

1章
大豆ってすごい！ ……………………………………… 4

2章
大豆パワーでどんなことができるの？ ……………… 10
①大豆で「肉」を作る！ ………………………………… 10
②大豆のバターやクリームを作る！ …………………… 14
③たんぱくしつの多い食品を作る！ …………………… 16
④ほかの食品を助ける！ ………………………………… 17
日本の食をささえてきた大豆 …………………………… 18
藻は栄養豊富な未来食!! ………………………………… 20

3章
「たんぱくしつ危機」をのりきろう！ ……………… 22
「たんぱくしつ危機」とは ……………………………… 22
このままだとたんぱくしつ不足に ……………………… 24
できることをやってみよう！ …………………………… 26
未来の社会を想像しよう！ ……………………………… 28

おまけ
大豆が地球をすくう！ ………………………………… 30

1章 大豆ってすごい！

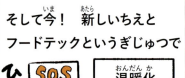

大豆を肉のように加工した「大豆ミート」を手がける不二製油。大豆は、近い将来に起きるといわれている食料危機を解決する可能性があると、世界中から大きな期待を集めています。60年以上も前から、大豆に注目して研究を重ねてきた不二製油と、開発を担当する中野さんの物語をしょうかいします。

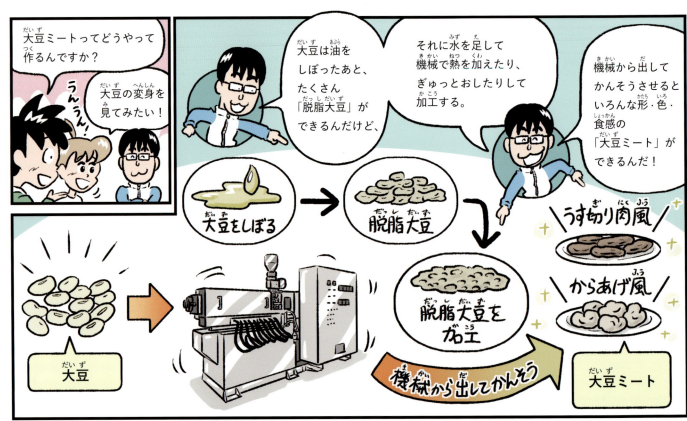

2章 大豆パワーでどんなことができるの？

①大豆で「肉」を作る！

大豆から大豆ミートを作る手順を見てみよう！

ぼくたちの大豆加工ぎじゅつをぜひ見て！

加工前の大豆

いろいろなフードテックが見られそう！

大豆から油をしぼった脱脂大豆には、たくさんの栄養、とくにたんぱくしつがあります。そのたんぱくしつをいかして、大豆ミートを作っています。

大豆から油を取りだす

大豆から油を取りだして「大豆油」を作る。
（→19ページ）

大豆から出た油

大豆油ができる

大豆から取れた大豆油には、どくとくのうまみやこくがある。

大豆がもつパワーは、どんなふうに利用されているのでしょうか。不二製油や中野さんが開発したフードテックは大豆ミートだけでなく、さまざまな分野で大豆パワーの活やくを生みだしています。

大豆ミートを作る

油を取りだしたあとの「脱脂大豆」を、水といっしょにエクストルーダーという機械に入れ、熱したり、押して圧力をかけたりしながら、ねる。

そのあと、小さなノズル（パイプ）から一気に外へ出すと、生地がふくらみ、肉のような食感の「大豆ミートのもと」ができる。

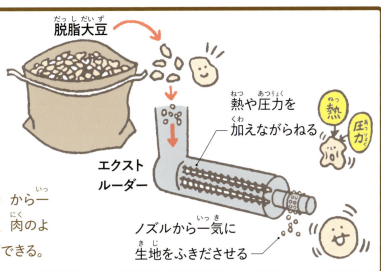

いろいろな大豆ミート

大豆ミートには、ひき肉用の細かいものやうす切り、かたまりなどさまざまな形・大きさのものがある。作るメニューに合わせて、これらに味を加える。

大豆ミートのウラガワに注目！

大豆ミートはたんぱくしつの割合が高く、肉の代わりとしてぴったりの食材。しかも、肉はししつ（油）の割合が高いのに対し、大豆ミートは割合が低いのもとくちょう。

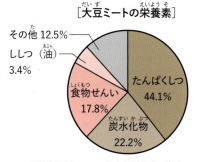

[大豆ミートの栄養素]
- たんぱくしつ 44.1%
- 炭水化物 22.2%
- 食物せんい 17.8%
- ししつ（油）3.4%
- その他 12.5%

『食品成分表2023』（女子栄養大学出版部）
粒状大豆たんぱく（大豆ミート）の可食部から算出

大豆ミートを油であげているところだよ！

大豆ミートに味をつける

大豆ミートを水などにつけてやわらかくする。そのあと、調味液をしみこませて、おいしく味つけをする。

調理する

大豆ミートは、ひき肉にまぜたり、そのまま焼いたり、あげたり、にたりと、ほぼ肉と同じように料理に使うことができる。

とりのからあげみたいに見えてきた！

大豆ミートは、形だけでなく、とり肉、ブタ肉、牛肉らしく見えるように色を工夫し、それぞれの部位に合った歯ごたえを感じられるように、食物せんいなどを加え、さまざまな食感を生みだしています。形や食感、見た目を肉に近づけて、食べる人に肉を食べたときと同じくらいの満足感を感じさせる工夫を重ねています。

②大豆のバターやクリームを作る！

世界初のぎじゅつで、「豆乳」から
クリームやバターができるようになった！

豆乳からクリームやバターみたいなものが作れるの？

豆乳を分ける

大豆をにつめてできた豆乳を、機械で回転させ、ふたつのタイプの豆乳に分ける。

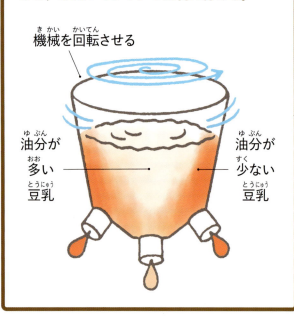

機械を回転させる
油分が多い豆乳
油分が少ない豆乳

2種類の豆乳ができる

油分が少なく、あっさりとした味わいの豆乳（左）と、油分が多く、こくがある味わいの豆乳クリーム（右）ができあがる。

分けた豆乳はどちらも利用するよ！

分ける方法の ウラガワに注目！

油分の多い豆乳と、少ない豆乳に分ける。不二製油はこのやり方で豆乳を分けることに世界で初めて成功した。

油分の少ない豆乳の使い方

油分が少なくても、大豆のうまみはたっぷり。乳酸菌で発酵＊させて、チーズやヨーグルトのように味わえる。

＊発酵とは微生物の働きで、食べ物をおいしくすることだよ。

油分の多い豆乳は
バターやクリームにもなる

料理に使うだけでなく、バターやクリームの原料にもなる。

バターにする
ふつうのバターと同じように料理やおかし作りに使うことができ、どくとくの風味を楽しめる。

ホイップクリームにする
牛乳から作る生クリームと同じように、あわ立ててホイップクリームにもできるので、ケーキなどにも使える。

ロールケーキ

牛乳アレルギーの人にもよろこばれているんだって！

　大豆からしぼって作る豆乳は、牛乳から作るクリームより油分が少ないため、そのままではクリームと同じように使うことはできません。しかし、油分の多い豆乳や、その豆乳でできたバターやクリームが登場したことで、豆乳をより多くの食品に使えるようになりました。
　大豆が肉の代わりになるように、豆乳が牛乳の代わりをはたすことで、わたしたちが食べ物を選ぶはんいは広がります。

③たんぱくしつの多い食品を作る！

体を元気で健康的にたもとうとする人たちに、
大豆のたんぱくしつを多くふくむ食品は大人気なんだ！

> プロテインとは
> たんぱくしつのこと。
> つかれが取れやすいので、
> 運動のあとに
> 食べる人も多いよ。

大豆から「パフ」を作る

「パフ」とは、穀物をふくらませて作るつぶのこと。米や小麦から作ることが多いが、大豆からも「大豆パフ」を作ることができる。空気をふくんでいるため、食品に加えると、さくさくとした食感が生まれる。

プロテインバー

グラノーラ

> 大豆パフの入った
> グラノーラは
> 手軽にたんぱくしつが
> 取れることから
> いろいろな世代に人気！

たんぱくしつは、体を作るだいじな栄養素のひとつ。だから、たんぱくしつを多くふくむ食品は、健康に気をつけている人や、スポーツをする人の注目を集めています。その中でも、大豆のたんぱくしつを使った食品は、炭水化物がひかえめになっているためにより注目されていて、おやつや軽食によく取りいれられています。

パフの ウラガワに注目！

おかしなどに使われている「パフ」は、穀物などで作るため炭水化物が多い。炭水化物も体にとってだいじな栄養素のひとつだが、より多くのたんぱくしつを取りたい人のために、大豆のパフがよく使われている。

④ほかの食品を助ける！

油をしぼったあとの脱脂大豆から取れる食物せんいには、ほかの食品を助けるすごいパワーがある。

大豆の活やくの場ははてしない！

まざりやすくする

ドリンクヨーグルトは、そのままだとたんぱく成分が水と分かれてしまうが（左）、大豆から取りだした食物せんいを加えると、まざったままになる（右）。

ドリンクヨーグルト

大豆から、油をしぼったり、たんぱくしつを取りだしたりすると、食物せんいがのこります。この食物せんいは、以前は利用できていませんでしたが、最近の研究によって、ほかの食品を助けるせいしつをもっていることがわかりました。ちがう成分どうしをまざりやすくする、水分をたもつなどの働きがあり、いろいろな食品を食べやすく、おいしくすることに役立っています。

大豆が使われているかチェックしよう！

大豆の成分が使われているかどうかは、原材料をチェック。食品ラベルなどに「原材料名○○（大豆由来）」「一部に大豆をふくむ」などと書かれていたら、その食べ物には、大豆から作った成分が使われている。

くっつきにくくする

ゆでためん類は、かわくとめんどうしがくっついてしまう。しかし、ゆでたあとに大豆の食物せんいを少し加えると、めんの表面で水分をたもつため、時間がたってもくっつかず食べやすい。

もりそば

加工するぎじゅつもいっぱい！
日本の食をささえてきた大豆

大豆は、わたしたち日本人にとってとても身近な食材。しぼったり、発酵させたりとさまざまなぎじゅつを使っていろいろな食品へと変身させてきました。

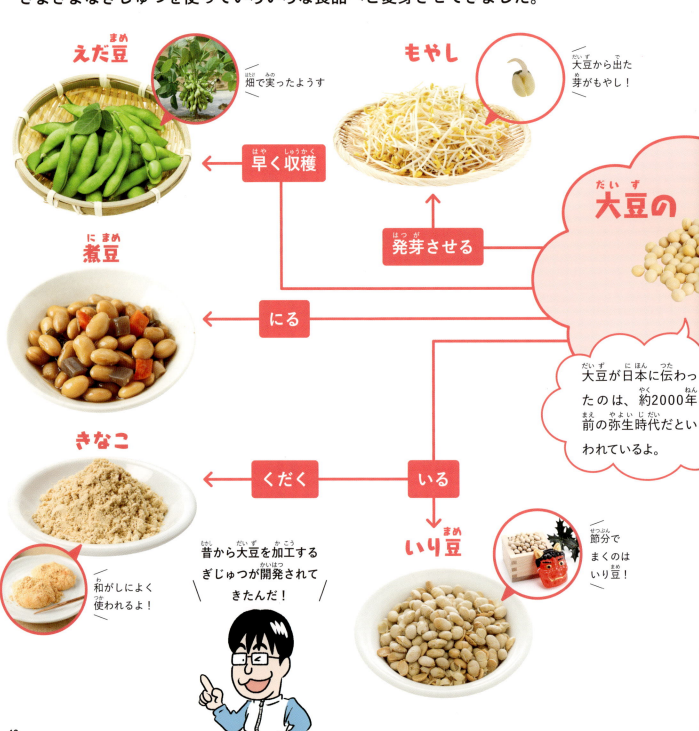

えだ豆
畑で実ったようす

もやし
大豆から出た芽がもやし！

早く収穫 ← 発芽させる ← 大豆の

煮豆
にる ←

きなこ
くだく ← いる
和がしによく使われるよ！

昔から大豆を加工するぎじゅつが開発されてきたんだ！

いり豆
節分でまくのはいり豆！

大豆が日本に伝わったのは、約2000年前の弥生時代だといわれているよ。

> たんぱくしつ豊富な食べ物はまだある！

藻は栄養豊富な未来食!!

藻は、かんきょうにやさしく栽培でき、しかも栄養豊富とあって、人や自然の未来をすくう「未来食」として、世界中で注目されているよ。日本でも藻をたんぱくしつや食品の原材料として活用する取り組みが進んでいるんだ。

藻を使った給食をのぞいてみよう！

「衣がいい香り！」
「おいしい！」

緑色のおかずがひょっとして!?

左の写真は、静岡県袋井市の小学校の給食のようす。藻をたっぷり入れたおかずが給食に使われた。

「はんぺんの藻あげ」！

この日のメニューに登場したのは、藻をまぜた衣をはんぺんにつけて油であげた「はんぺんの藻あげ」。

緑色の正体はコレだ！

衣にまぜた藻は、直径0.002〜0.005ミリメートルの「ナンノクロロプシス」。栄養がたっぷりなことから「スーパーフード」ともよばれている。

20

写真提供：袋井市教育委員会、イービス藻類産業研究所

藻のすごいところ！

①栄養たっぷり

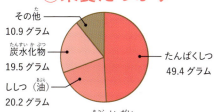

たんぱくしつや油以外にも、ビタミンやミネラルなど数十種類の栄養素をふくんでいる。

＊ナンノクロロプシスの乾燥粉末100グラムにふくまれる量。日本食品分析センター第13070780001号

②二酸化炭素をへらす

植物である藻は、光合成によって二酸化炭素（CO_2）をきゅうしゅうする。それによって地球温暖化の原因のひとつである二酸化炭素をへらすことにつながる。

③養しょくにも使われる

養しょく魚が元気に育つように、たんぱくしつをはじめ、栄養が豊富な藻をえさに入れている。

どうやって育てるの？

藻を育てるのに必要なのは、おもに水や日光。自然界の資源やエネルギーをそのまま使って、かんきょうにやさしい育て方をしている。

ナンノクロロプシスを育てているようす。深さ20センチメートルの小さなプールで1ミリリットルにつき2億個のナンノクロロプシスが育つ。

こなにしていろいろな食べ物にまぜて使う！

ハンバーガー　かまぼこ　塩

藻がごはんのおかずになる時代はすぐそこ

わたしたちは、今、日本の各地で藻の仲間「ナンノクロロプシス」を使った「未来の給食」を食べてもらっています。藻はかんきょうにやさしく栄養豊富な食料として、将来はごはんのおかずになるでしょう。「未来の給食」や、藻を使った商品を多くの人にとどけられるよう、がんばって藻をたくさん育てています。

イービス藻類産業研究所
代表取締役社長
寺井良治さん

3章 「たんぱくしつ危機」をのりきろう！

「たんぱくしつ危機」とは

たんぱくしつを必要とする人が多くなるのに、たんぱくしつが豊富な食べ物が十分に生産できなくなることを「たんぱくしつ危機」といいます。近い未来、世界中でこの危機が起きると考えられています。

今は…

肉
牛やブタ、ニワトリなどを育てることは、かんきょうへの負担が大きい。（→24ページ）

人がたくさんいるのに、ふたつしか選べないとこまるね

今と同じように食べ続けると、肉や魚が不足すると予測されている。

魚
取りすぎで、数が少なくなっている種類がある。

現在82億人＊の地球の人口は、2050年代には100億人をこえると予測されている。

＊2024年の値（国連世界人口推計2024年版より）。

わたしたちの体を作る大切な栄養素である、たんぱくしつ。今、わたしたちは、おもに肉や魚からたんぱくしつをとっていますが、これから、世界でますます人口がふえると、肉や魚が足りなくなるといわれています。

たんぱくしつが必要だからといって、肉や魚をかんたんにふやすことはできません。だから、肉や魚以外にも大豆などたんぱくしつを多くふくむ食べ物に目を向ける必要があります。いろいろな食べ物のことを知り、選ぶことが、わたしたちの食事や未来をゆたかにします。

未来は…

肉
牛やブタ、ニワトリを育てて食べる。

虫
コオロギやカブトムシの幼虫などを、加工して食品などに利用する。（→1巻）

大豆
植物の中でも、もっともたんぱくしつが豊富。肉より健康的で、たんぱくしつもとれると注目されている。

魚
自然の魚だけでなく、養しょく魚を食べる割合をふやす。（→2巻）

藻
たんぱくしつが多く、育てやすい。（→20ページ）

このままだとたんぱくしつ不足に

たんぱくしつ不足にそなえて、家ちくをふやそうとする考えもありますが、それが問題の解決に結びつくでしょうか。

お肉を食べられなくなるの？

世界中で人口がふえる
今、世界中で人口がばくはつてきにふえている。

牧場が必要になる
より多くの牛やブタなどを育てるために、牧場をふやす。

人口がふえる ▶ 牧場がふえる

足りない 今のままでは食べ物、とくにたんぱくしつが足りなくなる。

足りない 牧場を作る土地が足りないので、森などを切り開いて牧場にする。

食べ物が足りなくなるなんてびっくり！

今までの農業は、自然を畑や牧場に変えて、必要な食べ物をどんどんふやそうとしてきました。しかし、このやり方では、たんぱくしつをふくむ食べ物がいつか足りなくなってしまいます。

今のうちから「どんなものを選ぶか」を考えていくことで、足りなくなる未来を変えることができます。

牛やブタがふえる

牧場でたくさんの家ちくを育てるために、水やえさが必要になる。

牛やブタをふやせなくなる

牛やブタを育てるための土地やえさが手に入らなくなる。

家ちくがふえる → 足りなくなる

足りない 水や、えさにする穀物（麦やとうもろこしなど）が足りなくなる。

足りない ふえる人口に生産が追いつかず、肉が足りなくなる。

どうすればいい？
わたしたちの行動を変えよう！

・大豆製品を利用する
・肉を食べすぎない
・かんきょうに負担が少ない飼育方法で育てられた牛やブタ、ニワトリなどの肉を利用する。

できることをやってみよう！

食料危機への対策は、地球にすむ一人ひとりが考えること

地球上に人がたくさんふえても、食べる物にこまらず、健康的な生活をだれもが送れるように、自分たちの行動の一つひとつを見直してみよう。SDGsの「17の目標」をカギに、未来のために一歩をふみだしてみよう！

大豆で作られた食材で料理する。

大豆レシピせんもんの動画配信を立ちあげた！

飢餓をゼロに

プラスチックの物をなるべく買わないようにする。

海に流れつくプラスチックごみがへり海の豊かさがもどった！

海の豊かさを守ろう

近くの牧場へ行き
牛の生態を観察する。

地球温暖化につながる、
牛のげっぷをおさえる薬を発明した！

気候変動に
具体的な対策を

国内で作られた
野菜を買う。

食品の輸入がへり、運ぶときに使う
エネルギーをおさえることができた！

つくる責任
つかう責任

家族や友だちと
未来の世界について話しあう。

世界中の人の意見を集める
アプリを開発した！

パートナーシップで
目標を達成しよう

おまけ 大豆が地球をすくう！

「大豆のもつパワーは、もっと広がるかもしれない！」と不二製油や中野さんは信じ、大豆の研究や開発に取り組んでいます。自分たちが考えたフードテックで、地球をすくえるかもしれない──。未来のことを考えると、中野さんは熱い気もちがわき上がってくるそうです。

監修　石川伸一（いしかわしんいち）

宮城大学食産業学群教授。東北大学農学部卒業。東北大学大学院農学研究科修了。北里大学助手・講師、カナダ・ゲルフ大学食品科学部客員研究員などを経て、現職。専門は、食品学、調理学、栄養学。食を「アート×サイエンス×デザイン×エンジニアリング」とクロスさせて研究している。主な著書に『クック・トゥ・ザ・フューチャー』（グラフィック社）、『「食べること」の進化史』（光文社）、『分子調理の日本食』（オライリー・ジャパン）、『料理と科学のおいしい出会い』（化学同人）など多数。

デザイン	Yoshi-des.（石井志歩、吉村 亮）
まんが・イラスト	ニシノアポロ
イラスト	さいとうあずみ
編集	WILL（西野 泉、片岡弘子）、原かおり
校正	村井みちよ
写真	不二製油、Pixta、Shutterstock

フードテックとSDGs
③大豆（だいず）パワーで未来（みらい）の食卓（しょくたく）をまもる

2025年3月　初版第1刷発行

発行者　吉川隆樹
発行所　株式会社フレーベル館
〒113-8611 東京都文京区本駒込6-14-9
電話　営業03-5395-6613　編集03-5395-6605
振替　00190-2-19640
印刷所　TOPPAN株式会社

NDC588
32p
27 × 22 cm
Printed in Japan

ISBN 978-4-577-05305-8
©フレーベル館2025
乱丁・落丁本はおとりかえいたします。
フレーベル館出版サイト　https://book.froebel-kan.co.jp

国連SDGsHP　https://www.un.org/sustainabledevelopment/
The content of this publication has not been approved by the United Nations and does not reflect the views of the United Nations or its officials or Member States.

本書のコピー、スキャン、デジタル化等無断で複製することは、著作権法で原則禁じられています。また、本書をコピー代行業者等の第三者に依頼してスキャンやデジタル化することも、たとえそれが個人や家庭内での利用であっても一切認められておりません。さらに朗読や読み聞かせ動画をインターネット等で無断配信することも著作権法で禁じられておりますのでご注意ください。

フードテックとSDGs

① カブトムシから はじまる 循環型社会

② エビとトマトで 持続可能な 食料供給

③ 大豆パワーで 未来の食卓を まもる

監修 石川伸一（宮城大学 食産業学群 教授）

SDGsと食は深く結びついている

かかわるSDGsの目標

陸の豊かさも守ろう

家ちくがふえる
食料になる家ちくをふやすため、森林が次々に牧場へと変えられている。

気候変動に具体的な対策を

温暖化が進む
森林が失われるため地球上の二酸化炭素がふえる。地球温暖化につながり、気候変動が進む。

飢餓をゼロに

食料が足りない
将来、人口のふえるスピードに対し、家ちくをふやすスピードは追いつかなくなるので、食料が足りなくなる。